O Mistério da Semente

Belise Mofeoli

EDITORA IDEIAS& LETRAS

Direção Editorial: Marlos Aurélio

Conselho Editorial: Avelino Grassi
Fábio E. R. Silva
Mauro Vilela
Márcio Fabri dos Anjos

Copidesque: Ana Rosa Barbosa

Revisão: Thiago Figueiredo Tacconi

Projeto Gráfico e Capa: Mauricio Pereira

Ilustração: Sidney Santos

Colorista: Vicente Granieri

Dados Internacionais de Catalogação na Publicação (CIP)
(Câmara Brasileira do Livro, SP, Brasil)

O mistério da semente / Belise Mofeoli
São Paulo-SP: Ideias & Letras, 2016
ISBN 978-85-65893-95-4
1. Contos – Literatura infantojuvenil I. Título.
15-07234 CDD-028.5

Índices para catálogo sistemático:
1. Contos – Literatura infantil 028.5
2. Contos – Literatura infantojuvenil 025.5

EDITORA IDEIAS & LETRAS

1ª impressão

Rua Tanabi, 56 - Água Branca - 05002-010 - São Paulo - SP
(11) 3675-1319 / (11) 3862-4831
Televendas: 0800 777 6004
vendas@ideiaseletras.com.br - www.ideiaseletras.com.br

Esta obra foi composta em CTcP
Capa: Supremo 300g
Miolo: Couchê brilho 170g
Impressão e acabamento
Gráfica e Editora Santuário

Dedicatória

Para todas as crianças (de hoje ou de antigamente) que só deveriam ter seus corpinhos tocados por carinhos e cócegas: Minha mais sincera solidariedade e meus votos de superação.

Agradecimento

À minha irmã, Luanda Moraes, que ajudou a aparar arestas e a encontrar novas possibilidades de prosseguir esta história de tema tão complicado. Lu, ficou bem melhor com suas sugestões. Bem mais leve. Eterna gratidão, meu amor!

Sumário

Capítulo 1 – Ubuntu

As fadas são seres mágicos, todos sabem. São pequeninas, de uma pureza gigante! E o brilho de cada uma depende da crença das pessoas, do amor que recebem e do poder que geram. Se a gente acredita nelas, então ficam mais brilhantes. O que não costumam nos contar é que as fadas são seres muito crédulos. É fácil confiarem em todos. Como poderiam adivinhar o que aconteceria quando o silfo Dúbio chegou ao Reino Ubuntu?

De um tom violeta, asas extremamente belas e compridas, e trazendo sempre uma pequena bolsa a tiracolo, Dúbio era o neto criado por Lewinga – rei de Lorem –, um grande e querido amigo do ancião mais velho de Ubuntu, Aramuk, que abrigou o viajante em sua casa. Ali morava com sua esposa, sua filha, seu genro e sua bela neta, Zene, de sete anos de idade. Zene era laranja, tinha um sorriso contagiante e um brilho... Único! Brilhava tanto que saía dela uma luz bem na altura do peito e também no meio da testa. Todos a admiravam por isso.

Curiosa, não parava de fazer pergunta atrás de pergunta para Dúbio. Ela quis saber de onde ele veio, por que saiu de casa, o que aprendeu e qual era seu poder especial. Parecia ter faniquito na língua! Os pais da fadinha se desculpavam, mas Dúbio dizia e demonstrava não ligar. De modo que não demorou muito tempo para que tivesse total simpatia e confiança da família.

Pena não poderem avisar Lewinga e seu reino tão cedo do pouso que davam ao viajante Dúbio! Segundo o rapaz, não seria possível. Explicou que uma terrível epidemia se abateu sobre seu reino e os loremianos estavam em quarentena, e que ele, herdeiro do trono, só se safou por ter espírito aventureiro. Estava em outra região quando tudo ocorreu. A comunidade de Ubuntu, no entanto, não precisava se preocupar. O problema havia sido controlado no Reino dos Lorem, só precisavam de tempo e repouso.

Tão difícil um ser mágico crescido ter tempo para os pequeninos... Por que, imagine você: são várias magias a criar e transmitir às novas gerações, regras a seguir, ter sempre matéria-prima para os tecidos especiais que impedem que humanos consigam vê-los por perto, reunião atrás de reunião para garantirem a mais perfeita harmonia e cooperação entre todos os habitantes de Ubuntu... E Dúbio ali, sempre próximo de Zene. Pegando-a no colo, contando histórias engraçadas, cozinhando e fazendo sucos multicoloridos e deliciosos para a pequena e mostrando alguns truques de mágica. Zene, claro, gostava de tanta atenção.

Os pais da fadinha eram bons com ela, mas vez ou outra, pareciam dois tiranos que desembestavam um caminhão de “não pode isso, não pode aquilo, não se aproxime de desconhecidos e você é muito nova e um dia vai agradecer. ” Falavam que criar filhos é difícil, mas que depois que nascem, é impossível não os amar a ponto de quererem dar a vida por eles. Zene sabia do amor incondicional dos pais, só não entendia os “nãos”. Por exemplo, ela estava aprendendo, com Dúbio, que magia era algo divertido, não apenas uma responsabilidade, como a família afirmava.

Capítulo 2 - Zene

As fadas e os silfos nascem dentro de uma flor que os pais tecem com amor por meses. É o carinho, somado à dedicação, que faz as pétalas suaves das flores serem tão cheirosas. Para cada flor, há um pequenino ser mágico e voador nascido dentro delas.

Assim que a flor tecida percebe que uma criança está pronta para vir ao mundo, abre-se suavemente e entrega aquela promessa de mudança em forma de bebê aos que serão seus guardiões: o pai e a mãe. Depois que a família se completa num momento de abraço, os pais aguardam um instante lindo que só nessas ocasiões ocorre: a planta emite um brilho mágico enquanto se retrai para então mostrar quantas são as sementes potenciais dos filhos. São as sementes da vida de quem acaba de nascer! Elas só voltam a aparecer uma vez ao ano, no dia do aniversário de cada ser mágico. Se algo amadurecer na criança, então, ela ganha o direito de desfrutar de sua agora madura semente. Em seguida, a flor se fecha, voltando a proteger as demais.

Quando Zene nasceu, foram muitas as sementes que nasceram com ela, deixando claro que aquela não seria uma fadinha qualquer, mas alguém especial. Os pais vigiariam as sementes da filha e, com o tempo, ensinariam Zene a cuidar e plantá-las. Um dia, quando ela atingisse a maturidade, poderia então usufruir da beleza e das dádivas que lhe cabiam.

Antes de continuarmos a história, você precisa entender algo sobre sementes especiais, flores mágicas e dádivas: há um poder em potencial em cada semente, mas cada uma floresce a seu tempo. Algumas, Zene poderia colher cedo, ainda na infância, e a ajudariam a ter mais força e responsabilidade nos cuidados com as demais sementes, além de felicidade para o tempo livre que toda criança deve ter para motivá-la em suas obrigações. Outras levariam mais tempo e só floresceriam depois de muitos anos. Havia, ainda, as que talvez nem abrissem. Tudo depende do esforço individual. Interessante, né? Cada semente e cada dádiva ao seu tempo. Assim deve ser. A natureza não pode ser apressada.

Pois bem, Zene tinha tantas qualidades e seus pais a ensinavam tantos bons sentimentos, que isso facilitava a natureza a fazer florescer seus potenciais. Sempre que uma característica estava madura, o benefício podia ser colhido e bem aproveitado.

Mas havia uma semente que se destacava das outras. Era bela e bem brilhante. Era graças a ela o brilho de Zene. Sempre que ela crescia, aquela semente crescia junto. A cada vitória e aprendizado da fadinha, mais brilho na semente, no peito e na testa da fadinha. Ninguém sabia qual dádiva seria aquela, mas estavam gratos por saberem que seria algo especial.

Capítulo 3 - Confiar

Acompanhe o raciocínio de Zene: se fadas precisam saber magia, por que demorar tantos anos até serem autorizadas a utilizar o poder que sabiam que tinham? Afinal, todo mundo dizia que aquela luz toda que seu brilho propagava era sinal de poder único, típico de quem nasce para uma missão linda.

Por mais que os pais explicassem que seu corpo deveria estar preparado e forte antes de algumas experiências, a fadinha não conseguia se conter e comentou isso com o único adulto que achava que a entendia: Dúbio. E ele disse que poderia ajudá-la.

Na primeira oportunidade em que ficaram sozinhos na sala – os pais preparavam o jantar e os avós ainda não tinham voltado da reunião com o Conselho dos Anciões –, Dúbio a questionou:

– Você é boa de guardar segredos, pequena?

– Segredo?!

– É que eu acho você especial. Diferente de todas as outras fadinhas e silfos. Se você quiser, posso te ensinar a descobrir quais são suas dádivas guardadas... Principalmente a daquela semente brilhante. Você quer? Mas teria que ficar entre a gente.

Uma sensação fria percorreu o pescoço da fadinha. Um medo, sabe?

Todos os conselhos dos pais e ensinamentos da escola passaram como um filme em sua cabeça. A única coisa que não passava era sua curiosidade. Quando olhou para trás, os olhos de Dúbio estavam muito brancos e suas retinas, grandes. E ele olhava para ela, sem piscar. Tinha um meio sorriso no rosto e o único som que se ouvia era a respiração forte dele.

A mãe veio chamar a filha e o convidado para a refeição noturna. Todos rumaram para a mesa. Antes de se retirar, Dúbio olhou para Zene e piscou para ela. E a fadinha ouviu a mensagem que o pensamento dele mandava:

– Quando quiser, pequenina, quando quiser.

E Zene ficou encantada de ter conseguido ouvir um pensamento.

– Uaaau! Eu nem sabia que poderia fazer isso!

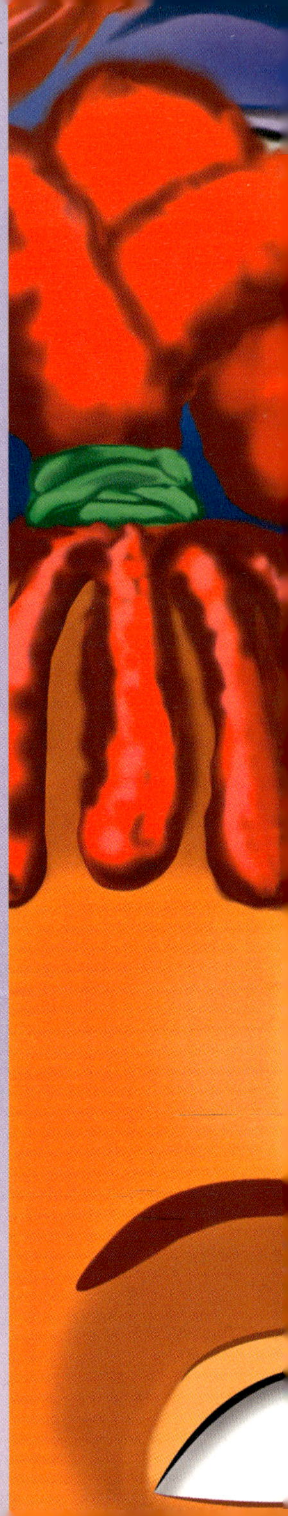

Capítulo 4
Da luz à escuridão

Zene oscilava entre a ansiedade de desbravar o desconhecido antes de qualquer outra criança de sua comunidade e a culpa por saber que isso significaria desrespeitar os pais. Entretanto, Dúbio não era um desconhecido qualquer, era "praticamente da família". Ele devia saber o que estava falando.

Foi Zene pensar nele que Dúbio apareceu. Sentou-se na floresta, atrás de onde ela estava, observando a pequenina regar sua flor. Nem uma semente madura... Parecia que todas permaneceriam assim durante muito tempo. Ele não abriu a boca, mas a menina, mesmo sem tê-lo visto até então, pôde ouvir:

– Que desperdício!

A fadinha se vira e depara com ele... Aqueles olhos brancos de pupilas dilatadas olhando fixamente para ela...

– Aha! Viu só? Olha a prova.

– Oi?

– Você me ouviu, não foi?

– Foi.

– No entanto, eu não abri a minha boca. Responda-me, Zene: você já sabia ler mentes?

– Não.

– E agora sabe, correto?

– Ué... É!

– E alguma semente precisou ser colhida para que isso acontecesse?

– Não.

– Pois é. Um dom! Você aprendeu sozinha. Acho até que seu brilho andou aumentando. Ele não aumenta só quando você conquista o direito a um poder, dom, uma dádiva etc.?

– Isso.

– E considerando que nenhuma semente tende a se abrir pelos próximos... Meses... Ou, ao que parece, anos... Só podemos concluir que... Você é um caso único, pequenina! As regras, definitivamente, não se aplicam a você. Cá entre nós, contigo nasceram mais sementes do que com as demais crianças mágicas de Ubuntu. Abrir uma ou outra não faria mal. Você poderia abrir várias! Só que talvez deva abrir apenas uma: aquela, a mais brilhante.

– Eu... Sempre... Quis... Saber... O que tem lá dentro.

– Observe quando eu toco sua flor. Calma, menina. Não vai doer nadinha.

Mas doeu. Ele forçava para entrar na flor, e era o corpo de Zene que doía. Dúbio pegou a semente brilhante e fugiu. Só uma película que protegia a semente foi o que restou no chão. A fadinha desmaiou de dor em cima dela. Ficou caída, cansada, traída, enquanto o malvado se afastava levando para longe dela a semente especial. E, com isso, lá se foi o brilho da fadinha. Flor murcha, pele sem semente, fada... Fosca!

Dúbio se escondeu numa caverna que encontrou no meio do caminho, cheirou, abriu e comeu da semente. Bastou um pedaço. Ele sentiu algo se modificar dentro dele. Forte demais. Como se lhe queimasse a alma. E, ao olhar para as próprias mãos, percebeu que brilhava. Guardou o resto da semente na bolsa, para quando estivesse longe. Era importante agora manter a aparência de uma falsa normalidade. Voltou, pegou Zene no colo e levou-a para casa.

– Pronto. Essa energia deve bastar por um tempo. E quando eu precisar de mais... Bom, você é ótima em guardar segredos, não é mesmo, meu bem?

O traidor fingia pressa e preocupação. Quem o visse correndo com a menina, acharia mesmo que estava tentando salvá-la. Simulou até cara de choro. Vendo o espanto dos pais e dos avós da jovem fada, declarou o que todos não deixaram de notar:

– O brilho da Zene! Ele... Diminuiu muito!

Quiseram saber o porquê, se havia ocorrido algo, como, quando, por que não tinham sido avisados...

– Eu a encontrei caída. Achei que dormia, mas quando a notei assim, tão apagadinha, temi... E se o pior ocorresse? Ajudem. Eu não sei mais o que fazer – alegava o maldoso.

Dúbio passava a mão na cabeça de Zene, que sentia seu corpo ser tomado por letargia e nojo, e vontade de gritar, sumir, morrer. Ela tentou falar, mas se viu muda. Como não notavam o brilho dela nele?

Dúbio, que armazenava sua energia e lia sua mente, tratou de avisá-la por pensamento, para ninguém mais ouvir, que agora que seus poderes estavam novamente restabelecidos, graças à teimosia dela, ele a impediria de falar. Afirmou que graças ao brilho, a partir daquele momento, detinha também a coragem de Zene.

Melhor que não reclamasse! Todos achariam que ela estava errada, que havia "procurado" aquilo ou até que, como ele era de confiança, estava inventando tudo. Pior ainda se acreditassem. Nesse caso, seus pais ficariam mal falados por não terem conseguido criar uma filha comportada. Zene percebeu, então: havia perdido a voz e a vontade de viver.

Capítulo 5 - Dúbio

Ninguém nasce mau. Dúbio também não nasceu. Era outro fruto de amor, mais um nascido de uma tecida flor. Entretanto, sua preguiça em cultivar bons sentimentos causava demora na maturidade de suas dádivas. E um dia foi-se o juízo! Como?

Bom, Dúbio deixou que a curiosidade o fizesse abrir algumas de suas sementes antes do tempo. O juízo, então, não pôde germinar. E sem juízo quem aprende a dosar bem suas outras virtudes?

Foram anos a fio de pesquisa e procura da família Lorem em busca de fazer renascer a semente que faltava para aquele silfo. Acontece que quando foram tratá-lo, o menino escapuliu para onde pudesse usar à revelia os dons tão sem medida. Dúbio, já adulto, retornou ao lar. Foi acolhido pelo avô. Os pais haviam plantado cada semente que possuíam, misturando-as, em busca de restaurar a sina do filho. Em vão. Gastaram-se os dons, murcharam as flores. E sem as flores, os dois morreram, adubando a terra da floresta. Eis que algo parecia, finalmente, germinar para o garoto. Entretanto, Dúbio mais uma vez recusou tratamento e partiu para nunca mais voltar.

Tinham sido tantos os avisos sobre dar tempo ao tempo... O simples fato de ignorar os alertas dos pais havia marcado a vida de Dúbio Lorem.

E, agora, ele tinha sua energia sempre esgotada a recarregava roubando virtudes alheias. Mesmo que, para tanto, sacrificasse vidas.

Os seres pequeninos o atraíam mais. Eram fáceis de serem ludibriados. Então, Dúbio começou a vagar de reino em reino roubando as sementes virgens dos silfos e fadas menores de idade, sem se importar com o estrago que fazia em suas vidas. E eram muitas! Tomou gosto por uma semente em especial: aquela onde morava a pureza de cada um. Exatamente a que conferia brilho e poder às criaturinhas.

Como brotaram destinadas a outros organismos que não o dele, era como se no corpo de Dúbio as virtudes alheias tivessem prazo de validade. Então, logo após fazer sua vítima e calá-la para sempre, ele partia em busca de outra, antes que desconfiassem da sua ausência de luz. O bocado de brilho atual estava se esgotando. E, se ele deixasse findar todo o brilho... Assim, Dúbio optou pelo egoísmo.

Capítulo 6 – Uma coragem eloquente

A verdade é que coragem não se rouba. Nem a verdade. Dúbio havia feito Zene se calar à base de ameaças. Um feitiço que só passaria quando o medo da fadinha acabasse. Porém, como deixar de temer? E se Dúbio cumprisse o que prometia? Se ninguém acreditasse na fadinha, ele conseguiria roubar também sementes dos pais dela até a família inteira acabar?

Todos procuravam o motivo da mudez da menina. Não demorou para descobrirem que a falta de brilho de Zene era a violação da flor seguida do roubo da semente. Quiseram saber se ela havia visto algo. Dúbio tratava de nunca deixar a menina com outra pessoa sem ele estar por perto, para garantir que ela não o acusasse. E como a semente roubada estava com ele, sempre que o rapaz chegava perto, Zene voltava a brilhar um pouco que fosse. Dúbio, portanto, ficou com a missão de "protegê-la". É que todos achavam que o brilho gerado com a proximidade de ambos significava que ele fazia bem à pequenina. Dúbio a vigiava dia e noite com aqueles olhos... que mudavam de cor e só ela via. Olhos sem brilho. Vazios.

O ladrão de brilho estava sempre lá. Vivendo com eles. Comendo com eles. Com os olhos coloridos como antes. Quando achava que precisava recarregar energia, comia mais um pedaço da semente roubada. Às vezes na frente da sua vítima, só para provocá-la e vê-la chorar e contorcer-se de dor. E o pior é que Zene sentia que ninguém conseguiria notar nunca. Ela estava errada.

Havia um local em que Dúbio não poderia estar por perto: o consultório da Dra. Ameenah. Ele quase ficou louco quando soube que iriam procurar ajuda psicológica! E se a tal mulher a convencesse a falar? Redobrou suas ameaças.

O vilão jurava que uma grande desgraça se abateria sobre todo o Reino de Ubuntu, caso Zene se recusasse a estar com ele sempre que mandasse. Se abrisse a boca, contasse a alguém o que se passava entre eles, todos que ela amava perderiam o brilho para sempre. Seria o fim de todas as fadas! E a responsável, segundo ele, seria a pequenina.

Foram incontáveis consultas que pareciam não dar em nada. Dra. Ameenah demonstrava estar interessada no que Zene tinha a dizer, mas a última pessoa em quem a fadinha tinha confiado, destruiu sua vida. Como se abrir? Porém, sabe o que aconteceu? Zene foi percebendo que perto da Dra. Ameenah era como se o nó na garganta diminuísse. A mulher não a forçava a nada, só esperava que ela falasse se quisesse e como não andava querendo, a psicóloga dizia palavras que a acalmavam. Com o nó cada vez menor, um dia começou a emitir sons baixos.

Em casa, a mudez continuava. Mas a menina ansiava pelos dias de terapia. Lá, podia usar alguns brinquedos e lápis de cores. Isso a relaxava e a tirava de uma realidade tão cinza. Seus desenhos começaram monocromáticos, depois ganharam mais cores, mais detalhes. E até segredos. Um por um.

Dra. Ameenah e Zene conseguiram conversar. Primeiro com poucas palavras. Aí as palavras começaram a brotar. Uma enxurrada de palavras. Mas que secava em casa. A família de Zene foi chamada ao consultório. Dúbio quis ir junto, não pôde. Entendeu que era chegada a hora de fugir. Os covardes partem apressados quando o medo vai embora.

Capítulo 7
Da escuridão à luz

Quando ia contar sua história, Zene não aguentou: começou a chorar. E seu choro era tão pesado que amassou todas as flores próximas a ela. Deixou-se abraçar. Falou o que tinha no peito.

Pássaros silvestres foram enviados a todos os reinos conhecidos. Cada qual com uma folha amarrada nos pés, bilhetes, explicando tudo o que ocorrera em Ubuntu. Eles alertaram novos reinos a não aceitarem a estada de Dúbio, mas rogando a eles que caso ele aparecesse, fingissem abrigá-lo, que o vigiassem e avisassem Ubuntu o mais rápido possível, para que fossem providenciados reforços a fim de capturá-lo.

Mais importante que prender o fugitivo era cuidar da vítima. Todos juntos. Cada um que não havia percebido o quão nocivo Dúbio era, sentia-se responsável a seu modo. E decidiram dedicar a vida a ela. A menina teria direito a um bocado de cada semente oferecida à vida de cada um dos demais habitantes.

A regra da doação de sementes era só para os adultos, mas as crianças foram as primeiras a oferecer um pouco das que já podiam utilizar. E descobriram que poderiam doar à vontade, porque as sementes dos mais novos se reconstituíam!

Voltaram os pássaros. Foi a revoada mais colorida e variada de todos os tempos. À frente, uma ave soldadinho. Imponente com penas pretas no corpo e cabeça vermelha. Quem a montava? O pai de Zene, trazendo amarrado em cipós o agora capturado Dúbio! Quando estavam quase pousando, corta o céu um tico-tico-rei-cinza. Ele atravessa todas as demais aves e toma a frente, deixando que vejam quem o monta: Lewinga!

Assim que o pássaro chegou ao Reino dos Lorem, Lewinga, após ler a mensagem, subiu no animal e no mesmo instante partiu em direção ao Reino de Ubuntu. Chegou rápido. Já desmontado, Lewinga olha com desprezo para o neto.

– E, então, você teve coragem de buscar abrigo na casa de um dos meus amigos? Usou meu nome em vão! E ainda maculou uma amizade de centenas de anos. Vergonha da família! Criminoso! Carne da minha carne, ser que não herdou meu coração. Deixou o nosso e outros reinos em desgraça. Sua ganância o faz perder brilho e poder. Não adianta. Infinitos silfos e fadas não bastariam para suprir sua necessidade de luz, sua fome de magia. Ignorante! Sua luz se perde na escuridão da sua alma!

E agora eu te sentencio a vagar no limbo por toda a eternidade. Sem encontrar uma viva alma com quem possa falar.

Assim foi feito. Lewinga, então, ajoelha-se em frente ao amigo Aramuk e família, chorando copiosamente, enquanto tenta se justificar:

– Amigo, me perdoe! Eu não o criei para ser vil. Eu juro pela memória do meu filho: esse aí não é meu menino. Não pode ser meu menino. É outro. Perdão. Perdão!

Lewinga demorou para conseguir parar de chorar. Mal pôde erguer a cabeça. Sentia-se culpado. Puderam ver que ele havia feito sua parte ao não proteger o neto de uma pena grave. Talvez tenha lhe infligido a pior de todas as sentenças: a solidão eterna. Com gratidão, o ancião Lewinga disse-lhes que desde que soube do primeiro mal passo do neto Dúbio, vagou de floresta em floresta querendo pará-lo, mas que, infelizmente, todas as vezes havia chegado tarde, quando o jovem já havia partido, deixando um rastro de vidas foscas. Que bom que a busca havia chegado ao fim!

Decidiram dar à Zene um banho de amor. No centro do Reino Ubuntu, ela foi submersa em um lago cavado especialmente para a ocasião, e que foi preenchido com lágrimas de compaixão, carinho, zelo e bem-querer de toda a comunidade. Mergulharam nele os pedaços das sementes. Zene ficou grata. Sentiu-se limpa e acolhida, como antes do seu nascimento. E o vazio foi embora. Debaixo daquela água, Zene foi recordando detalhes da vida toda, e quando chegou ao momento em que sua flor havia sofrido violência de Dúbio, ela se lembrou de um detalhe essencial que a fez levantar no mesmo instante.

Zene foi até sua flor e a capa da semente ainda estava lá. Como ninguém a tinha visto ainda? Era como se tivesse ficado o tempo todo escondida... Ou à espera de ser reencontrada. Bom, o fato é que Zene

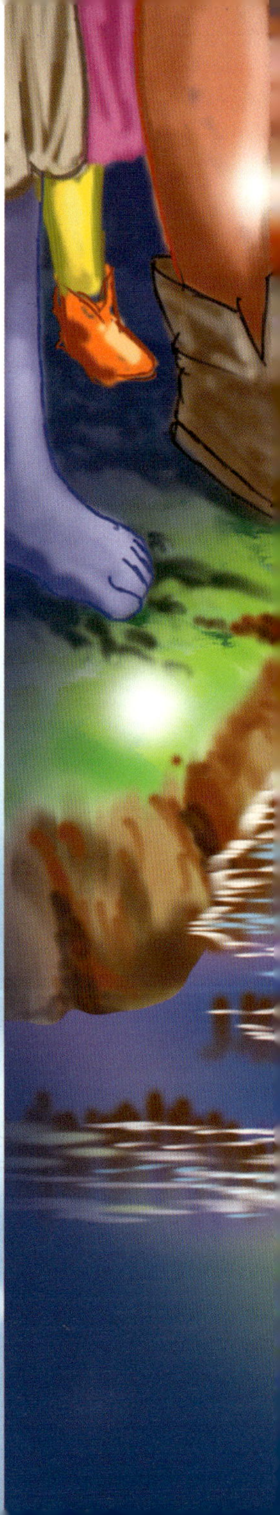

soube na hora o que fazer: enterrou a capa da semente aos pés de sua flor que, aceitando-a como adubo, reconstituiu-se.

Um brilho que partia do meio da flor de Zene cortou o céu. E, para a surpresa de todos, a flor se abriu e dentro dela estava uma semente brilhante igual à anterior, que foi oferecida à garota. Zene não precisou comê-la. Só tocá-la, e se tornou o ser mágico mais brilhante que já existiu no mundo.

O tempo passou e a fadinha cresceu. Mais madura com a situação toda, entendeu sua missão: dedicaria a vida a contar sua história sempre que pudesse ao maior número de pessoas. Acreditava que o diálogo poderia prevenir mais que os “nãos” aleatórios que os pais às vezes dão. “Algumas coisas não esperam a gente crescer para acontecer. É sempre melhor orientar para prevenir”, dizia. E na sua bagagem, claro, sempre estava a semente brilhante.

Belise Mofeoli

Formada em Publicidade e Propaganda pela PUC-SP, é escritora de livros e roteirista multiplataforma. Possui roteiros de animações, seriados, programas educativos, videogames e narrativas transmidiáticas, além de peças de teatro e músicas infantis.

Sidney Santos

Formado em História, fez desenho de moda, artístico e publicitário no Senac. Estudou desenho clássico com foco na figura humana, na UFAL.

Vicente Granieri

Atua como pintor, ilustrador e desenhista autodidata.

Para denunciar abusos sexuais a crianças (pedofilia):

Disque 100

Secretaria de Direitos Humanos da Presidência da República:

Disque 181

Disque denúncia (anônimo) e peça IMEDIATAMENTE a um

infectologista (em hospitais ou postos de saúde)

o coquetel de prevenção ao vírus HIV para a vítima.